AF382185

JAN VAN EYCK

Un primitivo flamenco al servicio del detalle

Por Céline Muller
En colaboración con Stéphanie Reynders
Traducido por Laura Soler Pinson

Arte y literatura   50MINUTOS.es

JAN VAN EYCK

- **¿Nacimiento?** Nacido entre 1390 y 1400 en Maaseik (Bélgica).
- **¿Muerte?** Fallecido el 9 de julio de 1441 en Brujas (Bélgica).
- **¿Contexto?** Con frecuencia, se considera a Jan van Eyck como uno de los primeros primitivos flamencos, un término que señala a los pintores en activo en el siglo XV en los Países Bajos del sur (los actuales Bélgica, Luxemburgo y el norte de Francia), que en esa época viven un desarrollo cultural importante.
- **¿Obras principales?**
  - *Adoración del cordero místico* (1420-1432).
  - *El hombre del turbante rojo* (1433).
  - *Matrimonio Arnolfini* (1434).
  - *La Virgen del canciller Rolin*, llamada *La Virgen de Autun* (c. 1435).

Jan van Eyck es una figura emblemática de la pintura flamenca del siglo XV. Se le conoce principalmente por ser el pintor del retablo de la *Adoración del cordero místico* o, erróneamente, como el inventor de la pintura al óleo, tal y como afirma Giorgio Vasari (1511-1574). En realidad, la obra de Jan van Eyck representa los cambios culturales que se producen entre el final de la Edad Media y el inicio del Renacimiento. En efecto, en paralelo al Renacimiento italiano que nace en Florencia, hacia 1420 surge un nuevo arte (que, precisamente, se denomina *ars nova*) en las regiones de Flandes y de los Países Bajos. El contexto económico en esta zona es floreciente y, por lo tanto, se presta para la creación artística.

Por otra parte, se produce una revolución en el arte debido a nuevos descubrimientos técnicos. Gracias a la superposición de varias capas de veladura aplicadas sobre un fondo claro y gracias al empleo de la pintura mezclada con aceite, la luz se refleja de una forma completamente nueva en los cuadros de los primitivos flamencos. Esta técnica, perfeccionada por Van Eyck, despierta la admiración de toda Europa, incluso de los artistas italianos que, en ese momento, están considerados los maestros de la pintura. Entonces, muchos pintores extranjeros practican esta nueva manera de pintar y la exportan a su país de origen. Así se garantiza la influencia del *ars nova* en todo el continente europeo.

Gracias a estas innovaciones pictóricas, Jan van Eyck compone obras que reflejan la realidad con la mayor fidelidad posible. Todo en el acabado de los relieves, de los volúmenes o, incluso, de la luz va en este sentido. El artista quiere dar la sensación de que sus personajes están vivos. Igualmente, aparece un nuevo tema de estudio en sus lienzos: el hombre. Así, aunque su obra se compone principalmente de representaciones de la Virgen María, Jan van Eyck está considerado un maestro del retrato. Las caras que pinta, vistas de tres cuartos y cuyos ojos miran fijamente al espectador, alteran los códigos de la época.

CONTEXTO

EL SIGLO DEL HUMANISMO

El siglo XV es una época de transición entre la Edad Media y el Renacimiento. Constituye un amplio movimiento de renovación de las artes que se origina en Italia. Poco a poco, el hombre se va liberando de un marco religioso omnipresente y pasa a interesarse por sí mismo. Esta corriente de pensamiento, llamada «Humanismo», lo sitúa en el centro de las preocupaciones en todos los ámbitos culturales: literatura, pintura, arquitectura, etc. Se atribuye la paternidad del movimiento humanista al erudito Petrarca (1303-1374). Este último, que revisa a autores olvidados como Cicerón (106-43 a. C.), es imitado por muchos intelectuales, que abandonan los modelos medievales para abrazar las enseñanzas de la Antigüedad grecorromana, que se redescubre a través de los textos originales y ya no a través de sus traducciones. Esto lleva a una auténtica renovación intelectual y artística. Desde su cuna italiana, esta corriente se extiende a continuación por toda Europa. Aunque el Humanismo se presenta bajo formas distintas en Florencia y en Flandes, de lo que se trata en ambos casos es de interesarse por la naturaleza y por el individuo.

También es un siglo de innovaciones y de descubrimientos en lo relativo a técnicas artísticas. Para que sus cuadros sean más realistas, los pintores empiezan a utilizar las leyes de la perspectiva y, para que la luz pueda ser parte integrante de la composición, perfeccionan la pintura al óleo. Además, las obras con temas religiosos comparten cada vez más espacio con los temas profanos, con el objetivo de representar la nueva posición destacada del hombre. Ni siquiera se le resiste la naturaleza. Las artes están muy decididas a dominarla, algo que se observa a través de la multiplicación de las pinturas paisajísticas, pero también en la práctica: las construcciones arquitectónicas son cada vez más numerosas y audaces. De hecho, el hombre llegará a elevar los límites del conocimiento haciéndose a la mar y redibujando las fronteras del mundo conocido: descubre América en 1492.

Esta nueva forma de pensar goza de una proyección sin precedentes, ayudada en gran medida por la invención de la imprenta a mediados del siglo XV. La sed de conocimientos absolutos y universales, objetivo principal de los intelectuales de este siglo, es tal que surgen las primeras traducciones de la Biblia a la lengua vernácula (es decir, a la lengua del país en el que se distribuye). Previamente, las Sagradas Escrituras se difundían únicamente en latín y, por lo tanto, eran de uso exclusivo para los eruditos.

LA PROSPERIDAD DE FLANDES

Jan van Eyck está considerado a menudo como uno de los primeros primitivos flamencos. Este término designa a los pintores en activo en los antiguos Países Bajos del sur, unificados por los duques de Borgoña a principios del siglo XV.

Gracias a su política de conquista y a alianzas matrimoniales eficaces, los duques de Borgoña se convierten rápidamente en una de las grandes potencias de la época. La ciudad de Brujas, a través de su fasto y de su esplendor, representa a la perfección la prosperidad de Flandes y de los Países Bajos del siglo XV. Sus actividades comerciales, que se vuelven prósperas gracias a la industria del paño y de los productos de lujo, así como su situación privilegiada, la convierten en un centro del comercio europeo. La ciudad también se enriquece con los intercambios y los vínculos que establece con sus socios comerciales, como Londres, Génova y Venecia.

Este contexto económico es propicio para la emulación artística. La corte de Borgoña, que muchos cronistas de la época describen como lujosa, sitúa una gran parte de su riqueza en el mecenazgo. Además de la pintura, también florecen las artes de la miniatura y la tapicería.

Gracias a los muchos intercambios comerciales, los barcos traen consigo las innovaciones artísticas italianas por una parte y, por otra, contribuyen a difundir el estilo flamenco en Italia, en Alemania y también en Francia.

LA VALORIZACIÓN DEL ARTISTA

No obstante, la corte borgoñona no es el único patrocinador de los pintores flamencos. En efecto, algunas ciudades como Brujas, Amberes o Gante son tan prósperas que surge una nueva clase social: la burguesía mercantil. Esta está muy decidida a imponerse y a manifestar su prestigio adoptando los usos de los aristócratas de la época, que tienen sobre todo la costumbre de inmortalizarse en cuadros. De esta manera, esta nueva moda contribuye al auge del arte del retrato. Para responder a la creciente demanda, se desarrollan en toda Flandes auténticos talleres de pintores.

Aunque algunos artistas dependen directamente de una corte o de un príncipe, algo que les da mayor libertad, la mayoría pertenecen por lo general a un gremio, es decir, una corporación de artistas. La adhesión a un gremio está regulada y viene determinada por un aporte financiero anual, pero ofrece varias ventajas:

- en primer lugar, el gremio apoya económicamente a los artistas locales;
- también ofrece una cierta seguridad social en caso de enfermedad o fallecimiento, a través de una ayuda financiera a la familia del artista;
- igualmente, desempeña un papel importante en el control de la competencia. En este contexto, el gremio favorece la creación de talleres en los que se forma un cierto número de aprendices. Según unas reglas jerárquicas estrictas, solo los maestros tienen el derecho de

firmar las obras producidas en estos centros;

- para acabar, su misión es controlar la calidad de la producción artística de sus miembros a través de un jurado. Las obras «marcadas», es decir, aprobadas por este jurado, pasan a ser sinónimo de calidad en toda Europa.

Así pues, el artista sale progresivamente de las sombras a las que estaba confinado en la Edad Media. Sin embargo, todavía hay que pasar por los 4 años de aprendizaje que impone el gremio y acceder al poder para tener una posibilidad de granjearse un nombre.

En esta época marcada por la valorización del hombre, Jan van Eyck es uno de los primeros pintores flamencos que toma conciencia de su estatus de artista y que firma sus obras. Un ejemplo representativo es la firma que se encuentra en el marco del retrato del hombre con turbante: «JOHES DE EYCK ME FECIT ANO MCCCC.33.21. OCTOBRIS» («Jan van Eyck me hizo el 21 de octubre de 1433»). De hecho, esta firma viene acompañada de su lema «AIC IXN XAN», «Como yo puedo», que también aparece en varias de sus obras. Vista la documentación que se encuentra en los registros administrativos, sabemos también de Van Eyck que apenas contaba con los miembros de su taller para que le ayudaran a llevar a cabo sus obras. Con frecuencia, sus asistentes se ven relegados a tareas ingratas, como preparación de revestimientos o limpieza de los utensilios.

JAN VAN EYCK, ¿EL INVENTOR DE LA PINTURA AL ÓLEO?

Durante mucho tiempo, se ha creído erróneamente que Jan van Eyck era el inventor de la pintura al óleo. Este mito fue difundido por Giorgio Vasari, autor de *Las vidas de los más excelentes pintores, escultores y arquitectos* (1550), obra que todavía a día de hoy se considera como una de las publicaciones fundacionales de la historia del arte. En efecto, el procedimiento que consiste en mezclar los pigmentos en el aceite ya es conocido por los eruditos del siglo XIII y se utiliza para la conservación y el transporte de los pigmentos. No obstante, Van Eyck lleva esta técnica a un nivel de refinamiento que todavía no se ha igualado. Este pintor de corte —lo que quiere decir que no sufre las limitaciones de los gremios— experimenta y perfecciona la pintura al óleo hasta generalizar su uso entre sus sucesores.

BIOGRAFÍA

INICIOS ENIGMÁTICOS

Se conocen pocos datos sobre el nacimiento, la infancia y los inicios de la carrera de Jan van Eyck. No es hasta el siglo XVI cuando los escritores e historiadores Lucas de Heere (1534-1584) y Marcus van Vaernewijck (1518-1569) sitúan su nacimiento en la región del Mosa, en Maaseik, entre 1390 y 1400, basándose ellos también en fuentes posteriores a la época del pintor. Encontramos la primera mención de Jan van Eyck en registros administrativos del gremio de los artistas de Gante en 1424. El artista es designado en ese momento «pintor de la corte y ayuda de cámara» al servicio de Juan de Baviera (1373-1424), conde de Holanda y príncipe-obispo de Lieja, y es el encargado de decorar el palacio de Binnenhof, cerca de La Haya. Desgraciadamente, no queda ningún rastro de este encargo, aparte de algunas copias posteriores.

Lucas de Heere y Marcus Van Vaernewijck le atribuyen a Jan van Eyck un hermano mayor,

Hubert Van Eyck (1366-1426) y un hermano y una hermana más pequeños, Lambert y Margarita, quienes también intentan dedicarse a la pintura. Pero, de nuevo, faltan fuentes históricas para seguir los pasos de la historia familiar de Van Eyck.

AL SERVICIO DE LA CORONA DE BORGOÑA

La entrada de Van Eyck en la corte de Borgoña, en 1425, al amparo de Felipe III (1396-1467), llamado Felipe el Bueno, marca un punto decisivo en su carrera. Ahí recibe una renta anual fija, pero en los registros de la corte también dejan constancia de pagos suplementarios por «algunos largos viajes secretos»[1] (Smeyers s.f.). En particular, en 1428, el pintor es enviado a Portugal para llevar a cabo el retrato de la hija del rey Juan I (1357-1433), prometida del duque de Borgoña. Es evidente que el retrato gusta, puesto que Felipe el Bueno se casa con Isabel (1397-1471) en 1430 en Brujas. Estos viajes con una vocación diplomática son una oportunidad para que Van Eyck observe otras formas de pintar, pero también le permiten difundir su arte y sus técnicas.

---

1. Cita traducida por 50Minutos.es

En 1432, Jan van Eyck se instala en Brujas y se casa con una cierta Margarita, de la que apenas se tienen datos, salvo que le da un hijo en 1434. A excepción de lo que está inscrito en los registros de la corte de Borgoña, existe poca información sobre la vida privada del artista, sobre su familia e, incluso, sobre su trayectoria académica. Por el contrario, lo que es seguro es la admiración que le profesan sus contemporáneos, sobre todo en Italia. Así, hacia 1450, el humanista Ciriaco de Ancona (1391-1455) lo califica como «el decano de los pintores, pintor insignia de nuestra época»[2] en su obra principal, los *Comentarios*.

Desgraciadamente, tampoco queda mucho de su trabajo para Felipe el Bueno, ni las decoraciones que realiza para las residencias ducales de Hesdin, de Bruselas y de Lille, ni los retratos o los blasones pintados para el duque y su familia. Tan solo han llegado hasta nuestros días algunas copias posteriores de sus pinturas recreativas.

---

2. Cita traducida por 50Minutos.es

UN ESPACIO DE LIBERTAD DENTRO DE SU TALLER

Liberado de sus restricciones económicas, Jan van Eyck, que goza de una libertad creativa casi total, aprovecha para experimentar técnicas inéditas y nuevos temas pictóricos en su taller de Brujas. Aunque es pintor de la corte, también trabaja para otros patrocinadores.

En especial, Jan van Eyck pinta para el escabino Joos Vijd, mayordomo (persona encargada de escribir los registros) de la iglesia de San Juan, actual catedral de San Bavón de Gante, la famosa *Adoración del cordero místico*, considerada una de sus obras maestras, a pesar de las numerosas polémicas que suscita el políptico. A continuación, el artista entra en la historia al aceptar un encargo de Giovanni Arnolfini (1400-1470), un rico mercader originario de Lucca, en Toscana. Pinta para él uno de los primeros retratos privados de la historia sobre lienzo. Antes que esto, se encuentran sobre todo retratos de particulares en frescos, en medallas o en paneles de madera, pero los únicos retratos pintados sobre lienzo son los de los santos o los de la Santísima Trinidad.

Es muy difícil definir en qué medida contribuye Jan van Eyck a la realización del retablo de la *Adoración del cordero místico* (terminado en 1432). Por lo general, en la actualidad se admite que la obra fue empezada por Hubert van Eyck, el hermano de Jan, y retomada por este cuando el primero muere en 1426. De hecho, esta versión está confirmada por una inscripción latina que se encuentra en el marco del políptico (aunque su autenticidad también es tema de debate).

Sin embargo, algunos dudan de la existencia de Hubert van Eyck. Es el caso de Émile Renders (1872-1956), famoso coleccionista de pinturas de primitivos flamencos, que en 1933 publica una obra titulada *Hubert Van Eyck, personnage de légende*, «Hubert van Eyck, personaje de leyenda». Renders considera que el personaje de Hubert van Eyck habría sido inventado de principio a fin con el objetivo de desplazar la cuna del arte flamenco de Brujas hacia Gante, donde habría ejercido Hubert. No obstante, esta versión es muy polémica y la mayoría de los coinciden en afirmar que el auténtico punto problemático no es el debate sobre la existencia de Hubert, sino determinar qué partes del cuadro son obra de Jan van Eyck y cuáles podrían ser atribuidas a su hermano.

En 1436, Jan van Eyck viaja por última vez por cuenta de Felipe el Bueno, algo que aparece en los registros administrativos como una peregrinación. Fallece poco después, el 9 de julio de 1441, y es enterrado en Brujas, en el claustro de la iglesia de San Donato. A continuación, se le transfiere al interior de la iglesia en calidad de «miembro de la familia ducal». Además, el duque Felipe el Bueno sigue pagando a su viuda una parte de la renta atribuida al artista.

CARACTERÍSTICAS

UN ESTILO HÍBRIDO

El hombre está a caballo entre dos épocas, y eso se refleja en el estilo del pintor. El estilo de Jan van Eyck, que a veces se califica como gótico tardío y, a veces, como prerrenacentista, toma elementos de las dos tendencias.

Al igual que otros primitivos flamencos, Van Eyck toma del gótico:

- su iconografía religiosa (existen numerosas representaciones de la Virgen en la obra de Jan van Eyck);
- el aspecto delicado y alargado de las figuras humanas;
- una ausencia casi total del desnudo que, sin embargo, es muy apreciado en el arte antiguo y renacentista;
- representaciones arquitectónicas que recuerdan a los palacios o a las casas privadas del norte de Europa, representativas de características góticas locales —en efecto, la arquitec-

tura barroca en Italia, por ejemplo, presenta otras particularidades—.

Del estilo renacentista, toma los siguientes aspectos:

- la introducción de lo profano a través de la pintura de retratos de particulares, a menudo de los patrocinadores. Así, los temas religiosos ya no son los únicos representados;
- su realismo incrementado, obtenido gracias a una observación meticulosa de la naturaleza;
- la importancia de la perspectiva y de los juegos de luz;
- un interés renovado por la figura humana (ya sea en los temas de los cuadros o en el acabado de la anatomía de sus personajes). El propio pintor comienza a firmar sus obras: es el principio del estrellato del artista.

A estas características se añaden algunas particularidades que los primitivos flamencos aprecian, en particular un gusto pronunciado por los juegos de trampantojo, por las ilusiones ópticas (sobre todo a través de los espejos), así como por los detalles y los efectos cromáticos, que se vuelven posibles con el uso de la pintura al óleo. También se esconde un significado detrás de las obras que, en apariencia, son anodinas.

En lo que respecta a este realismo extremo que, sin duda, constituye uno de los rasgos típicos del pintor, Lucas de Heere llega a decir que sus obras «son espejos, y no escenas pintadas»[1].

EL GÓTICO

El gótico, que en origen se llama «arte francés», designa un periodo artístico que va desde la segunda parte de la Edad Media hasta el Renacimiento. El término «gótico» pertenece al Renacimiento y es utilizado de forma peyorativa, sobre todo por Giorgio Vasari, para hablar de las composiciones medievales consideradas bárbaras y groseras con respecto a la finura de las obras de la Antigüedad. Al principio, se desarrolla en Francia en el siglo XII, antes de extenderse por el resto de Europa. A partir de finales del siglo XIV, el estilo gótico se perfecciona y se va despegando en cierta medida de un cierto hieratismo religioso para llegar al «gótico internacional», último cambio del

---

1. Cita traducida por 50Minutos.es

arte medieval en un mundo que se dirige hacia el Renacimiento.

El estilo gótico se caracteriza por una ausencia de perspectiva o una perspectiva mal dominada, por el deseo de representar arquetipos en vez de rasgos físicos fieles a la realidad, por un nuevo interés por la luz, por un arte fundamentalmente religioso, a pesar de que el gótico internacional se aleja de él progresivamente, por una intención educativa o pedagógica en la elección de los temas y por un uso más vivo de los colores.

UNA TÉCNICA INNOVADORA

Para crear pintura, es necesario mezclar pigmentos (que dan color) a un aglutinante (que permite la adherencia). Anteriormente, se utilizaba una técnica llamada «al temple», que se basaba en una solución acuosa asociada a una cola animal, ya sea una resina (por ejemplo, goma arábiga), ya sea la yema de huevo (la famosa pintura témpera).

Por su parte, Van Eyck generaliza el uso de la pintura al óleo entre sus sucesores tras un descubrimiento capital: añade resinas a los aceites tradicionales de nuez o de lino para que la pintura se seque más rápidamente. La pintura al óleo permite obtener una mayor nitidez de los detalles, una precisión en el trazo y una luminosidad que no se alcanza con la pintura al temple. Por lo tanto, la técnica sirve sobre todo para que los pintores puedan cumplir su deseo de plasmar la realidad. Para acabar, la pintura al óleo es ideal para jugar con los efectos de transparencia, para que los tonos de los colores se vuelvan muy vivos o, también, para dar una impresión de profundidad. Para ello, Van Eyck superpone varias capas finas de aglomerante ligeramente pigmentado llamadas «veladuras».

Está comprobado que el artista dibujaba un boceto antes de empezar a pintar, tal y como atestiguan los dibujos hechos de su propio puño que se encuentran sobre todo en el retrato del cardenal Niccolò Albergati (1438).

UNA PREDILECCIÓN POR LOS RETRATOS

Jan van Eyck aprovecha la protección y el

mecenazgo de Felipe el Bueno para intentar pintar tanto cuadros religiosos como retratos de particulares. En efecto, aunque el grueso de su obra está compuesto por representaciones de la Virgen María, también es uno de los primeros artistas que realiza retratos de individuos (en oposición a los tradicionales retratos de santos) que miran fijamente al espectador, sobre lienzo y de forma intencionada. Así, la mayoría de los historiadores del arte lo consideran el fundador del retrato occidental.

Todas sus obras presentan prácticamente el mismo esquema (salvo, quizás, el *Matrimonio Arnolfini*): pinta el busto de su modelo y hace hincapié en el rostro, girado hacia la izquierda y generalmente expuesto en tres cuartos, cuyos ojos parecen seguir al espectador.

OBRAS SELECCIONADAS

LA *ADORACIÓN DEL CORDERO MÍSTICO*

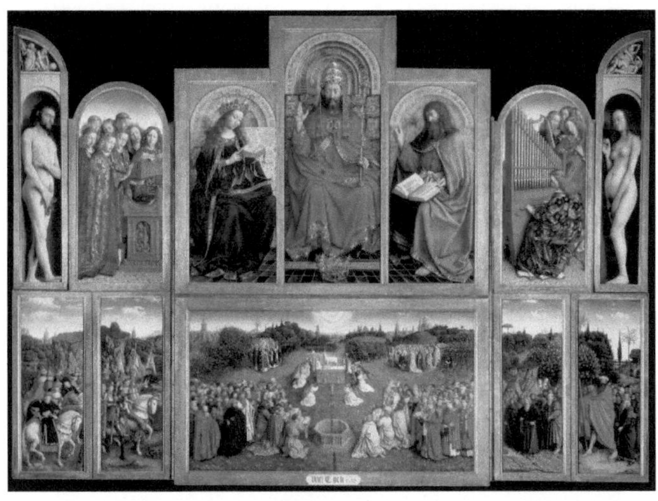

| La *Adoración del cordero místico*, 1420-1432, óleo sobre madera, 350 x 461 cm (abierto) y 350 x 223 cm (cerrado), Gante, catedral de San Bavón.

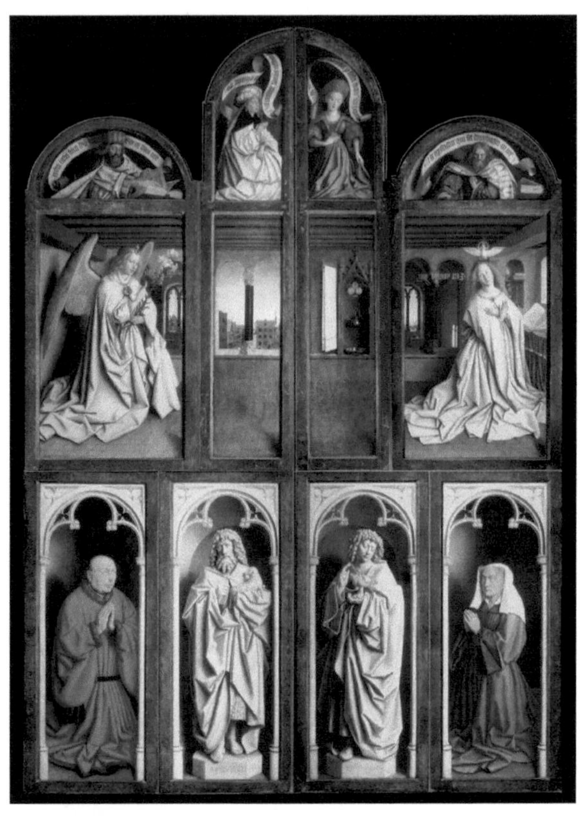

| La *Adoración del cordero místico*, retablo cerrado.

Esta obra está considerada como la pintura flamenca más antigua con una fecha precisa. El año en el que se acaba, 1432, está anotado en el propio marco. La encarga Joos Vijd, escabino de Gante que también está a cargo de los registros de la iglesia de San Juan (que, mientras tanto, se convierte en la catedral de San Bavón). Se trata de una representación con un proyecto iconográfico ambicioso sobre el tema de la salvación, sacando a escena a toda una serie de personajes (santos o profanos) que se reúnen para venerar al Cordero de Dios: en los paneles laterales, aparecen Adán y Eva en los extremos, junto a ellos un conjunto de ángeles músicos y, en el centro, encontramos el tribunal divino, compuesto por Cristo, la Virgen María y san Juan Bautista; el cordero en el altar simboliza el sacrificio de Jesucristo para redimir los pecados de los hombres, mientras que la fuente octogonal remite sin duda a la vida eterna. Cuando el retablo está cerrado, se puede ver al patrocinador y a su esposa, representados en posición de rezo y rodeados de santos (2 sibilas y 2 profetas, en gris), así como una escena de la Anunciación.

Del estilo gótico se ve aquí el gusto por la representación religiosa. Sin embargo, esta obra es fundamentalmente innovadora y está imbuida del espíritu de Jan van Eyck. En primer lugar, es de un realismo notorio, algo que constituye una de las características principales del pintor y de los primitivos flamencos en general, movidos por la obsesión de reproducir fielmente la realidad hasta convertirla en un preciso espejo. Destaca el realismo en la acumulación y en el acabado de los detalles, ya sea en los ropajes, en las joyas o en los instrumentos de música, pero también en la representación casi científica de la naturaleza. El pintor renuncia al espacio sagrado onírico que prevalecía en los retablos góticos y se inspira de su propia región, añadiendo elementos arquitectónicos propios de Flandes, como las casas con fachadas escalonadas en segundo plano y una evocación de la catedral de Utrecht en el panel central. Un detalle curioso es que ciertas partes de estos verdes paisajes están compuestas por plantas mediterráneas que atestiguan los numerosos viajes que Jan van Eyck efectuó al extranjero.

Por otra parte, el artista utiliza los principios que recientemente han permitido una actualización de la perspectiva para dar sensación de profundidad a través del paisaje. Incluso juega con lo real, presentando detalles arquitectónicos en forma de trampantojos.

Además del misterio que sigue planeando sobre las partes que pinta Hubert y las que ejecuta Jan van Eyck, el significado del cuadro también es enigmático. No se trata de una escena histórica o pedagógica destinada a educar a los fieles, sino más bien de una enseñanza esotérica con un significado sobre el que se barajan muchas hipótesis.

La *Adoración del cordero místico,*
UNA OBRA MUY DESEADA

La *Adoración del cordero místico* a menudo se presenta como la obra europea más codiciada de este último siglo. Ya en la época de su concepción, el cuadro se desplaza de la capilla del patrocinador al altar principal para más seguridad. A continuación, tras haber escapado a varias oleadas de iconoclastas y a Napoleón, en 1934 desaparece una parte de la obra. Se trata del panel llamado «Los jueces justos», que todavía no se ha encontrado. Desde entonces, lo sustituye una copia de Jef van der Veken (1945).

Actualmente, en 2017, los paneles de

este cuadro están siendo sometidos a un proceso de restauración que se inició en septiembre de 2012 y debería concluir en 2019. Muy recientemente se ha llegado a un descubrimiento clave: las escenas de los paneles laterales (retablo abierto) presentan una capa superpuesta que data del siglo XVII. Hoy en día, el nuevo reto de los especialistas es quitar esta capa para volver a contemplar la obra original de Jan van Eyck.

EL HOMBRE DEL TURBANTE ROJO

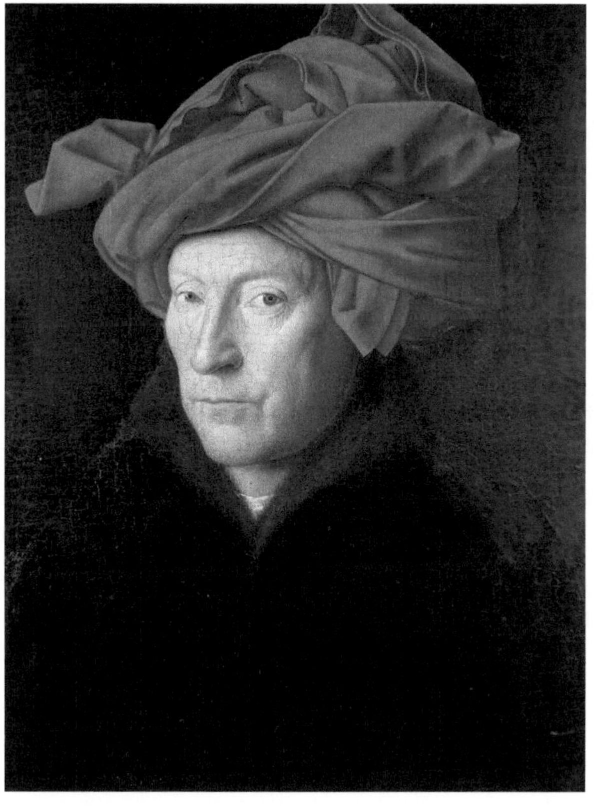

| *El hombre del turbante rojo*, 1433, óleo sobre madera, 25,5 x 19 cm, Londres, Galería Nacional.

Esta obra constituye uno de los retratos profanos

más antiguos. Podría tratarse incluso de un autorretrato, pero no existe ninguna información fiable que permita corroborarlo hoy en día.

En realidad, este cuadro, que es aparentemente simple, necesitó una técnica extremadamente avanzada. La complejidad del sombrero y el detalle de las arrugas de la cara constituyen un auténtico logro técnico. Esta obra se inscribe a la perfección en el movimiento prerrenacentista. En primer lugar, la precisión deriva directamente de la mejora de la pintura al óleo. Además, el retrato se aleja de la idealización medieval para dirigirse más hacia el realismo: se destacan las arrugas, sin concesión a la estética. Para acabar, el pintor menciona en el cuadro la fecha exacta en la que termina la obra y coloca su firma («Jan van Eyck me hizo el 21 de octubre de 1433») y su lema («Como yo puedo»).

MATRIMONIO ARNOLFINI

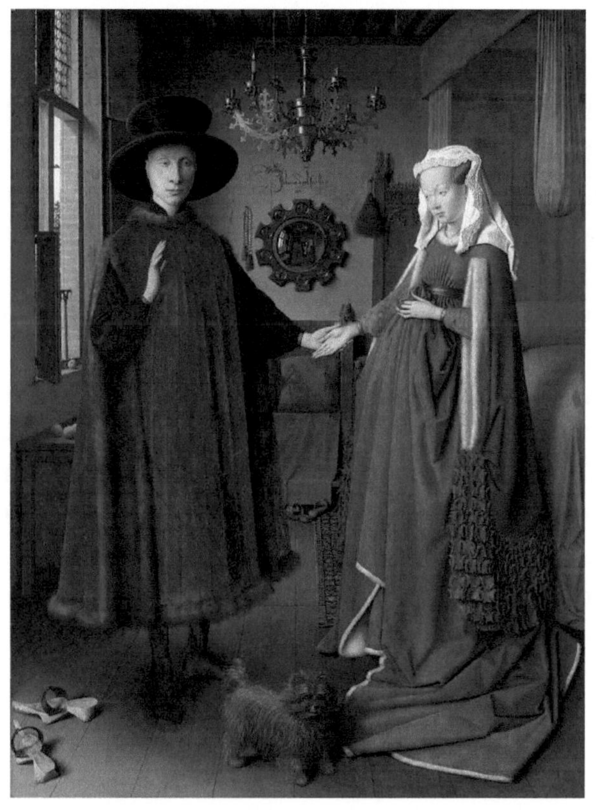

| *Matrimonio Arnolfini*, 1434, óleo sobre madera (roble), 82,2 x 60 cm, Londres, Galería Nacional.

Este cuadro representa a su patrocinador,

Giovanni Arnolfini, un rico mercader italiano instalado en Brujas, y su esposa, Giovanna Cenami, en un interior flamenco. Los personajes posan en una habitación con ricos muebles y ellos mismos están vestidos lujosamente. El historiador del arte Erwin Panofsky (1892-1968), que le otorga su reconocimiento a la iconología, ve aquí un matrimonio secreto del que Jan van Eyck sería a la vez pintor y testigo. En efecto, en su opinión, varios elementos muy simbólicos escondidos en la obra respaldan esta teoría: la mano de la mujer colocada sobre el vientre y cuya actitud sugiere la promesa de fertilidad futura, el perrito que representa la virtud cristiana de la fidelidad, la vela encendida que es un símbolo religioso que recuerda la presencia de Cristo, etc. Sin embargo, todavía hoy en día esta teoría sigue generando polémica.

La obra es el reflejo perfecto de las innovaciones técnicas y estilísticas de los primitivos flamencos. A pesar de la estatura un poco rígida y solemne de los personajes que recuerda a las poses de algunos arquetipos religiosos de la Edad Media, este cuadro es completamente moderno. Muchos elementos dejan vislumbrar la mano de Van Eyck, sobre todo la minuciosidad de los detalles: están acabados con tal precisión que es posible observarlos cuando uno se acerca al máximo a la obra e, incluso, si se observan con un microscopio. De nuevo, esta representación extremadamente fiel a la realidad solo es posible gracias a la pintura al óleo. La fidelidad en los muebles y en los modos de vestir flamencos (en los que destacan los famosos zapatos en punta llamados «de punta retorcida») también es típica del pintor, al igual que el uso de la luz para dar un efecto de perspectiva. De hecho, la luz emana de la ventana de la izquierda para dar relieve y profundidad al interior de la habitación y para modelar a los personajes. Para acabar, la firma no se relega a una esquina oscura del marco, sino que está inscrita en pleno centro del cuadro, encima del espejo: «Jan van Eyck estuvo aquí».

No obstante, el elemento más importante del cuadro es, sin lugar a dudas, el espejo que se vislumbra en segundo plano. Jan van Eyck es un hombre de su época y, como tal, muestra interés por muchas áreas de conocimiento: geometría, alquimia, literatura, teología, anatomía, leyes de la perspectiva y, sobre todo, óptica. El espejo situado en el muro del fondo no solo muestra el reflejo de los dos protagonistas pintados, sino que también proyecta la imagen del pintor trabajando y detalles de la ciudad de Brujas, visibles a través de la ventana, pero invisibles en primer plano. Más que entregarse a un simple ejercicio de estilo, el pintor sugiere algo que está fuera de nuestro campo, que va más allá del marco del cuadro y que abre la obra a un mundo real. Así, Jan van Eyck crea una construcción en abismo: representa su obra en su propia obra y abre el debate sobre la función de la propia pintura.

LA HUELLA DEL ARTISTA

Este cuadro reviste de un significado particular para los enamorados de la pintura del siglo XV: contiene una huella clara de Jan van Eyck que deja el pintor en el cuadro después de que difuminara la sombra del perro con su pulgar.

LA VIRGEN DEL CANCILLER ROLIN

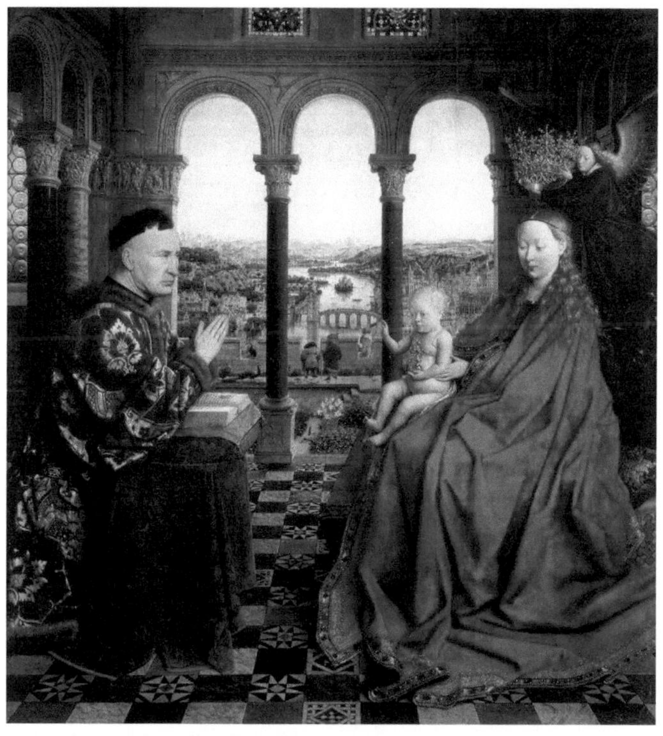

| *La Virgen del canciller Rolin* o *Virgen de Autun*,
c. 1435, óleo sobre madera (roble), 66 x 62 cm,
París, museo del Louvre.

Este cuadro representa al patrocinador, Nicolás
Rolin (1376-1462), canciller del duque de Borgoña

Felipe el Bueno, arrodillado frente a la Virgen María, que está coronada por un ángel y que lleva en sus rodillas al hijo divino. En esta época, los nobles y los aristócratas desean mostrarse como buenos cristianos; por ello, algunos retratos se insertan en escenas religiosas. Esta obra se encontraba en origen en la iglesia de Notre Dame du Châtel, en Autun (donde están enterrados los miembros de la familia Rolin), pero la construcción fue destruida durante la Revolución francesa. Entonces, pasa a formar parte de las colecciones del museo del Louvre hacia 1800 y pierde su marco original. Gracias a una descripción del siglo XVIII, se sabe que este cuadro estaba firmado tal y como Van Eyck solía hacerlo.

Aunque el tema representado sea habitual, el tratamiento pictórico que Jan van Eyck aplica convierte a este cuadro en una obra moderna. En efecto, una vez más, el realismo impacta por su precisión, sobre todo por la minuciosidad con la que el pintor representa las telas y el paisaje, inigualable para la época. El panorama en segundo plano está representado de una forma tan fiel que podría reconocerse la ciudad de Lieja a través de las representaciones minuciosas del puente de los Arcos o de la catedral de San Lamberto. No obstante, también podría tratarse de Montereau o, simplemente, de una mezcla de distintas ciudades. Esta atención al paisaje ya empieza a prefigurar la naturaleza como un género pictórico independiente (sobre todo a través de los cuadros de paisajes y los bodegones). Por otra parte, Jan van Eyck utiliza los principios que pone a punto el italiano Leon Battista Alberti (1404-1472), teórico de la perspectiva, para construir su espacio interior y armonizar las baldosas de su azulejado. La sucesión de los planos y la isla en centro del cuadro crean un punto de fuga y dan profundidad a la perspectiva. Se trata de una característica fundamental en el artista. Además, la obra está de nuevo marcada por el gusto del pintor por el tratamiento de la luz. Aquí, engloba a los personajes, como si fuera la propia presencia divina la que resplandece desde el cuadro.

En cuanto a su significado, no se trata solo de una glorificación de su patrocinador. La forma en la que está compuesto el lienzo sugiere una separación clara entre el mundo de los hombres (la parte izquierda con el canciller) y el mundo divino (representado por la Virgen). Pero al incluir elementos profanos (el paisaje, los dos personajes en segundo plano, etc.) en esta pintura aparentemente religiosa, el pintor transmite la transición que se va efectuando progresivamente entre una Edad Media profundamente piadosa y un Renacimiento que, aunque mantiene un espíritu religioso, otorga una mayor importancia a la naturaleza y a lo humano.

Unos análisis avanzados efectuados en laboratorio han demostrado que, en origen, la bolsa de Nicolás Rolin estaba representada mucho más llena que en el resultado final (visible con reflectografía infrarroja, una técnica que permite observar los bocetos bajo la capa de pintura). Cabe suponer que el patrocinador quiso minimizar el dinero que ganaba con su prestigiosa función en este cuadro destinado a ganarse los favores de María.

JAN VAN EYCK, UNA FUENTE DE INSPIRACIÓN

Aunque el renombre de Jan van Eyck llega hasta Italia y España, sorprende constatar que su influencia es muy limitada. Es cierto que los primitivos flamencos toman sus grandes principios del realismo, del trampantojo, del significado escondido y la técnica de la pintura al óleo, pero sin inscribirse realmente en una continuidad directa.

Los únicos considerados como sus sucesores en Flandes son Petrus Christus (c. 1420-1473), Rogier van der Weyden (1399/1400-1464) y, en menor medida, Hugo van der Goes (1435/1445-1482). Más en particular, la herencia de Jan van Eyck en las obras de Petrus Christus es tal que algunos han llegado a formular la hipótesis de que fue su alumno en Brujas. Aunque las fechas no parecen coincidir, lo cierto es que terminó algunos cuadros de Jan van Eyck después de la muerte de este.

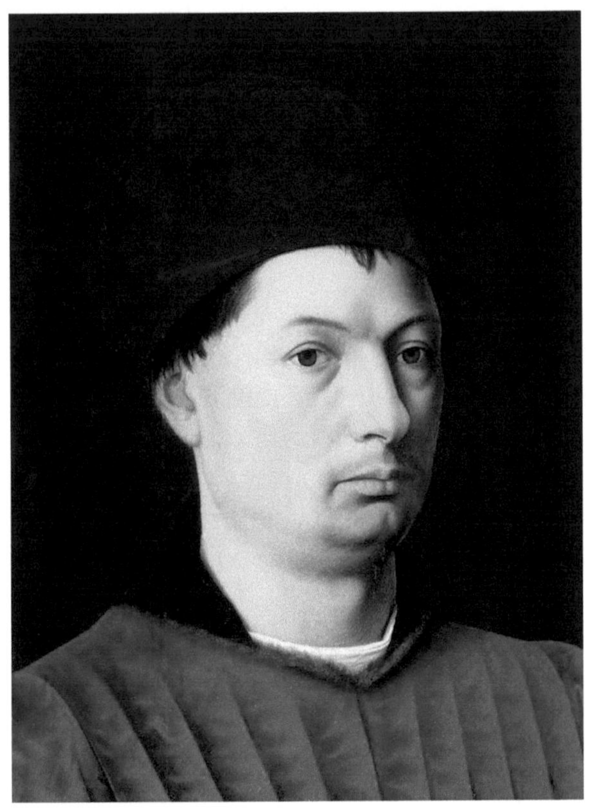

| Christus, Petrus, *Retrato de un hombre*, 1465, óleo sobre madera (roble), 43,82 x 31,12 cm, Los Ángeles, Museo de Arte del Condado de Los Ángeles.

En *Retrato de un hombre*, por ejemplo, encontramos la representación del busto de tres cuartos, los ojos mirando fijamente al espectador, el reparto del rojo y del negro en dos partes diferenciadas del cuadro, el acabado realista de las arrugas de expresión del personaje y un juego sutil de luz, que es posible gracias a la pintura al óleo, todo ello igual que en *El hombre con el turbante rojo*. El parecido es todavía más visible en *San Eloy en su taller*. No obstante, las fisionomías son más burdas que en Jan van Eyck y los rostros están menos individualizados

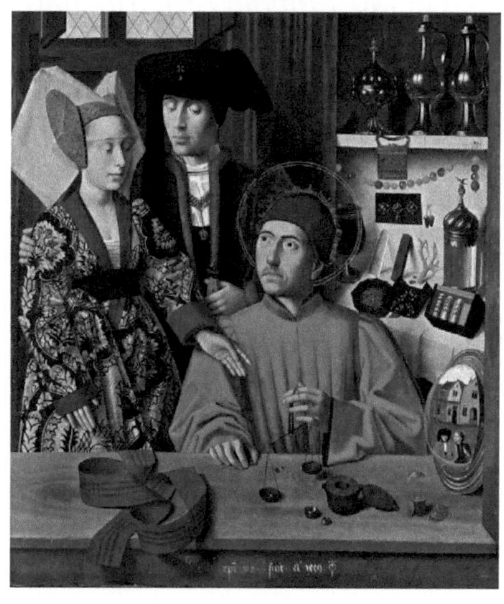

| Christus, Petrus, *San Eloy en su taller*, 1449, óleo sobre madera (roble) 98 x 85 cm, Nueva York, Museo Metropolitano de Nueva York.

Petrus Christus demuestra el mismo realismo y la misma preocupación por el detalle que Jan van Eyck: otorga una gran importancia a la moda y al mobiliario locales, y la tienda está repleta de objetos con un simbolismo escondido (las monedas evocan la vanidad del mundo, la balanza representa la pureza de las almas, etc.). Por otra parte, el pintor deja su firma bajo el pupitre de orfebre («Maestro Petrus Christus me hizo en el año 1449») y recupera el tema del espejo presente en el *Matrimonio Arnolfini* para abrir el espacio pictórico al espectador.

Una posteridad inesperada espera a Jan van Eyck en Italia a través de pintor Antonello de Messina (*c.* 1430-1479). Según Giorgio Vasari, Antonello de Messina descubre la pintura del maestro en el palacio de Nápoles del rey Alfonso II de Aragón (1448-1495). Entonces, experimenta en su pintura con algunos trazos apreciados por el pintor flamenco.

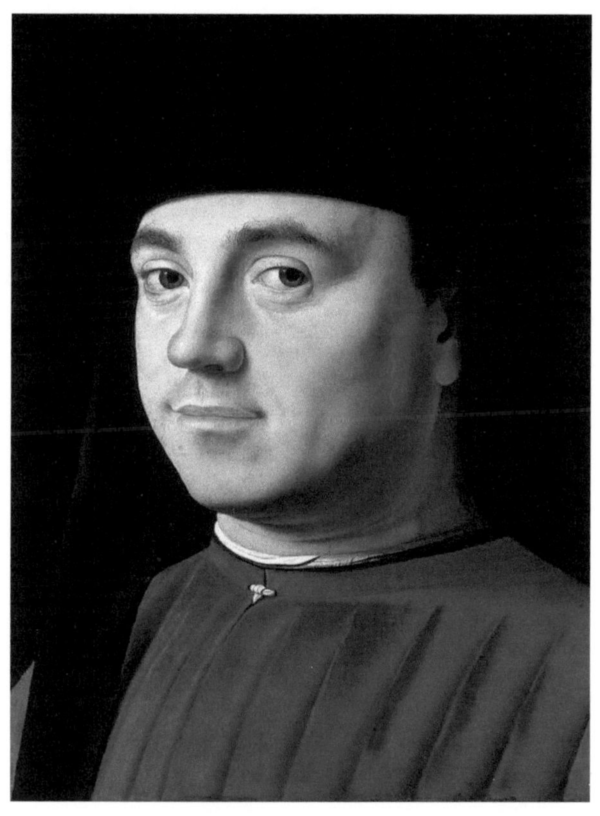

| de Messina, Antonello, *Retrato de un hombre*, 1475-1476, temple y óleo sobre madera, 31 x 25,2 cm, Roma, Galería Borghese.

Su *Retrato de un hombre* se inspira directamente del maestro flamenco: la vista de tres cuartos sustituye la representación de perfil, mucho más habitual en Italia, y la oposición del rojo y del negro aparece claramente. Al igual que ocurre en el caso de Jan van Eyck, el uso de la pintura al óleo permite un tratamiento mucho más realista del retrato que la tradicional pintura tempera italiana. Para acabar, Antonello también toma los fondos oscuros y la luz que viene de la izquierda para que contrasten los colores en su cuadro.

EN RESUMEN

- Jan van Eyck, nacido entre 1390 y 1400, es un pintor que se encuentra en la transición entre la Edad Media y el Renacimiento.
- La aparición del Humanismo en el siglo XV lleva al hombre a volver a centrarse sobre sí mismo. Esta corriente de pensamiento influye en todos los ámbitos. En particular, en pintura, se abandonan de forma progresiva las figuras religiosas rígidas y solemnes para representar a personajes humanos, pintados con mucho más realismo.
- Jan van Eyck aprovecha la prosperidad de Flandes y del mecenazgo de Felipe el Bueno, duque de Borgoña, para perfeccionar su arte. Tiene libertad para experimentar nuevos temas figurativos (por ejemplo, el retrato) y para pulir la técnica de la pintura al óleo, jugando con su tiempo de secado.
- Anclado en una nueva época, el artista sale del anonimato. Jan van Eyck es uno de los primeros pintores que firma sus obras.
- Pertenece al grupo de los primitivos flamencos

y comparte con ellos su gusto por los detalles realistas, los juegos de trampantojo, la inserción de sentidos escondidos en las obras y el tratamiento de la luz.

- Lo esencial de su producción se compone de representaciones de la Virgen María y de retratos, aunque su obra más conocida es el retablo de la *Adoración del cordero místico*, terminado en 1432.
- Su trabajo inspira el de Petrus Christus, pero también traspasa las fronteras de Flandes influyendo al italiano Antonello de Messina.

¡Tu opinión nos interesa!
¡Deja un comentario en la página web de tu
librería en línea,
y comparte tus favoritos en las redes sociales!

PARA IR MÁS ALLÁ

FUENTES BIBLIOGRÁFICAS

- Bernard, Edina. 2006. *Histoire de l'art du Moyen Âge à nos jours*. París: Larousse.

- Biblioteca Nacional de Francia. 2010. "La Peinture flamande et hollandaise de Van Eyck à Rembrandt, XVe XVIIIe siècles". *Biblioteca Nacional de Francia*. Consultado el 3 de agosto de 2017. http://www.bnf.fr/documents/biblio_peinture_flamande.pdf

- Borchert, Till-Holger. 2008. *Jan Van Eyck*. Colonia: Taschen.

- Borchert, Till-Holger. 2002. *Le Siècle de Van Eyck, 1430-1530. Le monde méditerranéen et les primitifs flamands*, catálogo de exposición. Brujas: Museo Groeninge de Brujas.

- Carvalho, Roberto. 2005. *Le Petit Livre du gran art. de la peinture occidentale de la préhistoire au post-impressionnisme*. París: Gründ.

- Hadjadj, Fabrice. 2008. *L'Agneau mystique. Le retable des frères Van Eyck*. París: L'œuvre éditions.

- Panofsky, Erwin. 2010. *Les Primitifs flamands*. París: Hazan.

- Smeyers, Maurits. s.f. "Van Eyck, Jan". *KIK-IRPA*.

Consultado el 3 de agosto de 2017. http://balat.
kikirpa.be/peintres/Detail_notice.php?id=5597

FUENTES ICONOGRÁFICAS

- Christus, Petrus, *Retrato de un hombre*, 1465,
  óleo sobre madera (roble), 43,82 x 31,12 cm, Los
  Ángeles, Museo de Arte del Condado de Los
  Ángeles. La imagen reproducida está libre de
  derechos.

- Christus, Petrus, *San Eloy en su taller*, 1449, óleo
  sobre madera (roble) 98 x 85 cm, Nueva York,
  Museo Metropolitano de Nueva York. La imagen
  reproducida está libre de derechos.

- de Messina, Antonello, *Retrato de un hombre*, 1475-
  1476, al temple y óleo sobre madera, 31 x 25,2 cm,
  Roma, Galería Borghese. La imagen reproducida
  está libre de derechos.

- Van Eyck, Jan, La *Adoración del cordero místico*,
  1420-1432, óleo sobre madera, 350 x 461 cm
  (abierto) y 350 x 223 cm (cerrado), Gante, catedral
  de San Bavón. La imagen reproducida está libre de
  derechos.

- Van Eyck, Jan, *La Virgen del canciller Rolin* o *Virgen
  de Autun*, c. 1435, óleo sobre madera (roble),
  66 x 62 cm, París, museo del Louvre. La imagen
  reproducida está libre de derechos.

- Van Eyck, Jan, *Matrimonio Arnolfini*, 1434, óleo

sobre madera (roble), 82,2 x 60 cm, Londres, Galería Nacional. La imagen reproducida está libre de derechos.

- Van Eyck, Jan, *El hombre del turbante rojo*, 1433, óleo sobre madera (roble), 25,5 x 19 cm, Londres, Galería Nacional. La imagen reproducida está libre de derechos.

FUENTES COMPLEMENTARIAS

- Para admirar el retablo de la *Adoración del cordero místico* y hacer zoom en los detalles, la KIK-IRPA ha publicado en internet una versión de alta definición de la obra, tomada durante las recientes operaciones de conservación/restauración: http://closertovaneyck.kikirpa.be/

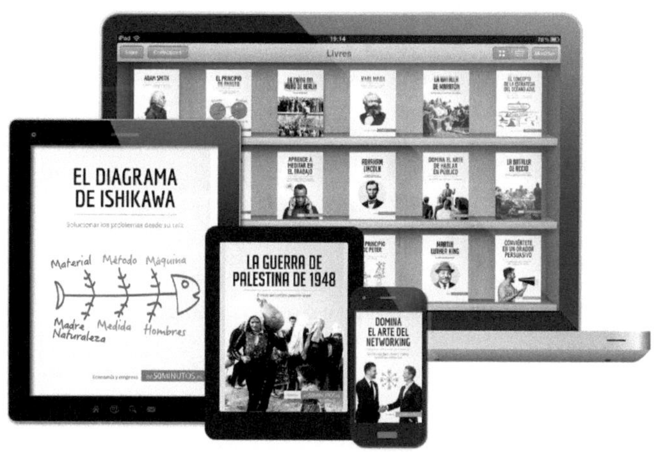

www.50Minutos.es

ISBN ebook: 9782806297617

ISBN papel: 9782806297624

Depósito legal: D/2017/12603/281

Libro realizado por <u>Primento</u>, el socio digital de los editores